BEI GRIN MACHT SICH IHR
WISSEN BEZAHLT

AF167405

- Wir veröffentlichen Ihre Hausarbeit,
  Bachelor- und Masterarbeit

- Ihr eigenes eBook und Buch -
  weltweit in allen wichtigen Shops

- Verdienen Sie an jedem Verkauf

Jetzt bei www.GRIN.com hochladen
und kostenlos publizieren

Sozialökonomische Auswirkungen von KI-Technologien im Kontext des Data Mining

Julia Brehm

Bibliografische Information der Deutschen Nationalbibliothek:

Die Deutsche Nationalbibliothek verzeichnet diese Publikation in der Deutschen Nationalbibliografie; detaillierte bibliografische Daten sind im Internet über http://dnb.d-nb.de abrufbar.

ISBN: 9783346992680
Dieses Buch ist auch als E-Book erhältlich.

© GRIN Publishing GmbH
Trappentreustraße 1
80339 München

Alle Rechte vorbehalten

Druck und Bindung: Books on Demand GmbH, Norderstedt Germany
Gedruckt auf säurefreiem Papier aus verantwortungsvollen Quellen

Das vorliegende Werk wurde sorgfältig erarbeitet. Dennoch übernehmen Autoren und Verlag für die Richtigkeit von Angaben, Hinweisen, Links und Ratschlägen sowie eventuelle Druckfehler keine Haftung.

Das Buch bei GRIN: https://www.grin.com/document/1437005

AKAD Hochschule Stuttgart
Wirtschaftsingenieurwesen (M. Eng.)

Assignment SQF61

Schlüsselqualifikationen für Studium und Beruf

Analyse der sozialökonomischen Auswirkungen von KI Technologien im Kontext des „Data Mining"

Autor: Julia Brehm

Abgegeben am: 3. Mai 2021

Ort: Stuttgart

Inhaltsverzeichnis

Abbildungsverzeichnis

Abkürzungsverzeichnis

z.B. zum Beispiel

sog. sogenannt

KI künstliche Intelligenz

KNN künstlich neuronale Netze

Vgl. vergleiche

1 Einleitung

Der Begriff Künstlich Intelligenz (KI) weckt viele Emotionen. Als zentraler Treiber der Digitalisierung verändert KI die Gesellschaft und nahezu alle Lebensbereiche in grundlegender Art und Weise. Der Vielfalt der Einsatzgebiete von intelligenten Systemen sind keine Grenzen gesetzt. Lernende Maschinen nehmen die Umwelt wahr, machen Prognosen, Empfehlungen und treffen automatisierte Entscheidungen. Die Mensch-Maschine Beziehung entwickelt sich nach und nach zu einem Partnerschaftsmodell. Intelligente Maschinen entlasten den Menschen, erweitern die Fähigkeit und steigern die Lebensqualität. Doch was bedeutet es, wenn Maschinen erst durch das Sammeln von Daten zu intelligenten Systemen werden? [Vgl. Paaß, Hecker 2020]

Auf den folgenden Seiten beschäftigt sich die Arbeit mit den Auswirkungen des maschinellen Lernens und dem damit einhergehenden Umgang von Daten.

Im Grundlagenteil werden Methoden des maschinellen Lernens erläutert. Darauf aufbauend wird die Funktionsweise des Lernverfahrens durch künstliche neuronale Netze (KNN) anhand des „Deep Learning" und der systematischen Anwendung von Datensätzen im Kapitel „Data Mining" aufgezeigt.

Anschließend werden anhand von Anwendungsbereichen aus Medizin, Wirtschaft und Smart Home die Auswirkungen von künstlich intelligenten Systemen aufgezeigt.

Abschließend werden die Ergebnisse dieser Arbeit zusammengefasst und mögliche Vorkehrungen für die Anwendung von künstlicher Intelligenz und der damit einhergehenden automatisierten Auswertung von Daten aufgezeigt.

2 Theoretische Grundlagen

Unter dem Begriff der Künstlichen Intelligenz verstehen wir die „Fähigkeit eines Computers oder computergesteuerten Roboters, Aufgaben zu lösen, die normalerweise von intelligenten Wesen erledigt werden" [Copeland 2019]. Das System ist nach dieser Definition in der Lage sich intelligent zu verhalten und selbständig zu lernen.

Im Folgenden werden die theoretischen Grundlagen des maschinellen Lernens und deren verschiedenen Methoden erläutert. Dabei liegt der Fokus auf jene Methoden, dessen Lernprozesse auf der Gewinnung von Daten basieren. Die Funktionsweise des „Data Mining" stellt das Grundgerüst für das im weiteren Kapitel behandelnde Themengebiet der Anwendungsbereiche und den damit einhergehenden Auswirkungen von Daten getriebenen künstlich intelligenten Systemen dar.

2.1 Maschinelles Lernen

Wenn Maschinen kognitive oder geistige Fähigkeiten besitzen, die denen von Menschen gleichen, so bezeichnet man dies als Künstliche Intelligenz. Dabei handelt es sich um die Fähigkeiten des maschinellen Lernens aus Erfahrungen oder das Lösen von Problemen.

Das Lernen von Vokabeln, neuer Fremdsprachen oder das Auswendiglernen von Gedichten fällt vielen Menschen schwer. So können Computer hingegen Daten problemlos speichern, sortieren und filtern. Vergleichbar mit dem Lernprozess des Menschen, basiert das maschinelle Lernen ebenfalls auf den Erfahrungswerten und der Übertragung dieser auf bisher unbekannte Situationen. [Vgl. Ertel 2013]

Das Maschinelle Lernen ist ein Vorgang, bei dem sich der Computer durch die Auswertung von Erfahrungen, Wissen selbst aneignet. Ein System analysiert die verfügbaren Dateien und wendet diese schrittweise an, um Aufgaben zukünftig besser erfüllen zu können. Dabei gibt es drei Arten des maschinellen Lernens:

Überwachtes Lernen

Das überwachte Lernen gibt dem System vor, was zu lernen ist. Bei der Unterscheidung von Maus und Katze werden dem System beispielsweise große Mengen von Bildern zu Mäusen und Katzen vorgelegt. Diese sind vorab manuell als Maus oder Katze deklariert. So können nach Verarbeitung der analysierten Bilder, Merkmale gefunden werden, durch welche sich die Tiere unterscheiden lassen. Diese Muster können auf weiteren Bildern zur eigenständigen Unterscheidung von Maus und Katze verwendet werden.

Unüberwachtes Lernen

Beim unüberwachten Lernen analysiert das System die vorliegenden Daten und findet darin eigenständig Muster und Regelmäßigkeiten. So können Daten anhand von Ähnlichkeiten selbständig gruppiert werden. Es handelt sich um eine Form des Lernens, das ohne den unterstützenden Eingriff des Menschen, wie die Lieferung von bereits geprüften Bildern erfolgt. Das sog. unüberwachende Lernen ist in der Anwendung von künstlicher Intelligenz weit verbreitet.

Bestärkungslernen

Beim Bestärkungslernen durchläuft das System zunächst eine Reihe von Aktionen, bevor das finale Ergebnis erhalten wird. Diese Form des Lernens findet beim Spielen von Schach oder der Steuerung von Robotern Anwendung. Nach jedem Schritt des Systems, tritt der Gegner in Aktion. Dadurch werden neue Informationen über den Zustand, wie etwa des Sieges oder der Niederlage an das System geteilt. Dabei entwickelt der Computer eine Aktions-Strategie, die auf verschiedene Situationen so reagieren kann, dass eine möglichst hohe Summe an Punkten erzielt wird. [Vgl. Paaß, Hecker 2020]

2.2 Deep Learning

Das „Deep Learning" hat seinen Ursprung in der Methode der künstlichen neuronalen Netze (KNN). Wie in Abbildung 1 dargestellt, bestehen diese aus vielen kleinen Einheiten, die nach dem Vorbild eines natürlichen neuronalen Netzes zusammengeschaltet und mit mathematisch fundierten Lernverfahren trainiert werden. Für den Einsatz des „Deep Learning" werden große Datenmengen, sog. Trainigsdaten aus der Vergangenheit, für die das Klassifikations- oder Prognosen Ergebnis bekannt benötigt. Anhand dieser Daten kann das Netz trainiert und auf neue Daten angesetzt werden. Voraussetzung dabei ist die Annahme, dass sich die Zukunft ähnlich zur Vergangenheit verhält. [Vgl. Mühlhoff 2019]

Neben dem Erfolg der Schrifterkennung, wird die Methode des „Deep Learning" ebenso im Bereich der Objekterkennung und der Identifikation von Mustern und Zusammenhängen angewendet.

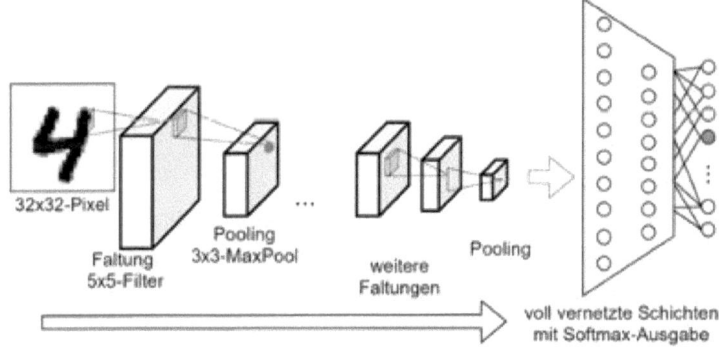

Abbildung 1: Funktionsweise des „Deep Learning" [Barton 2021]

4

Durch die Anwendung des „Deep Learning" sind Computersysteme in der Lage unstrukturierte Informationen in Form von Texten, Bildern, Tönen und Videos in nummerische Daten zu verarbeiten. Die Informationen lassen sich zur Mustererkennung, Vorhersagen oder zum weiteren Lernen nutzen.

2.3 Data Mining

Eine lernende Maschine funktioniert durch das Auslesen von Wissen aus Trainingsdaten. Dabei verstehen wir unter dem Begriff des „Data Mining" den Prozess des Gewinnes von Wissen aus Daten sowie die Darstellung dieser Daten. Durch die Information einer Statistik, über Aktionen von Besuchern auf einer Plattform und den Kaufeigenschaften von unterschiedlichen Produkten kann ein Betreiber eines Onlineshops beispielsweise gezielt kundenspezifisch werben. Auf dieser Methode basiert unter anderem die Funktionsweise von Amazon. Der Anwender bekommt Werbung zu sehen, von Produkten, die denen ähneln, die zuvor angesehen wurden.

Die Methoden des „Data Mining" lassen sich in folgende Gruppen teilen:

Klassifikation

Unter der Klassifikation wird die Suche nach Mustern anhand von Klassifikationsmerkmale verstanden. Das kann zum Beispiel die Modellierung einer Produktaffinität sein. Durch antrainierte Muster und Merkmale lassen sich Verbindungen zu ähnlichen Produkten voraussagen.

Prognose

Die Suche nach Muster und numerischen Zielvariablen wird als Prognose bezeichnet. Die Methode wird dafür eingesetzt, Werte für die Zukunft vorherzusagen.

Gruppierung

Das Finden von Kategorien und Segmenten in einem Datenbestand beschreibt die Methode der Gruppierung. Kundensegmentierungen im Marektingbereich werden beispielsweise durchgeführt, um genaue Zielgruppen durch Marketingmaßnahmen anzusprechen.

Abhängigkeitsentdeckung

Die Abhängigkeitsentdeckung versteht die Suche nach Mustern, bei der Elemente untereinander in Beziehung und Abhängigkeit stehen. Dies kommt zum Beispiel in der Warenkorbanalyse zum Einsatz.

Häufig kommen mehrere „Data Mining" Methoden für eine Problemstellung zum Einsatz, deshalb ist es sinnvoll die Methoden nach Aufgabentypen einzuteilen.

Das „Data Mining" findet im Bereich des Marketings als auch im Bereich des „Customer Relationship Management" große Anwendung. Sobald Daten des jeweiligen Kunden vorliegen, können diese für Analysen von Kundenwünschen verwendet und gezielt auf den Kunden abgestimmt werden.

In diesem Zusammenhang ist für die Informationsbeschaffung im Internet, das sogenannte „Text Mining" ein immer wichtig werdender Bestandteil. Suchmaschinen wie Google verwenden diese Methode beispielsweise, um Texte zu finden oder Spam E-Mails zu klassifizieren und auszusortieren.

3 Hauptteil

Im Grundlagenteil dieser Arbeit wird die Funktionsweise des „Data Mining"
erläutert. Wie bereits genannt, bilden Trainingsdaten die Grundlage des
maschinellen Lernens und eines intelligenten Systems.

Im folgenden Kapitel werden zunächst die Anwendungsbereiche des „Data
Mining" aufgezeigt und die Auswirkungen der damit einhergehen automatisierten
Datensammlung aufgezeigt.

3.1 Anwendung

Um aussagekräftige Studien und Analysen für einen lernenden Prozess zu
gewinnen werden, wie bereits im Kapitel „Data Mining" erläutert massenhaft
Daten benötigt und leistungsfähige Software Tools gebaut, um diese Daten
auszuwerten.

Im Folgenden Abschnitt werden beispielhaft die Anwendungsbereiche des
„Data Mining" und die jeweiligen Vor- und Nachteile aufgezeigt.

3.1.1 Medizin

Ob in der Diagnose oder im Bereich der Therapie – „Data Mining" findet in der
Gesundheitsbranche immer mehr Anwendung. Der Einsatz des „Data Mining" hilft
beispielsweise schon länger beim Tracking des persönlichen Gesundheitszustandes
eins Fitnessarmbades. Inzwischen können datengesteuerte Systeme aber auch zur
Diagnose von Krankheitsbildern im Bereich der Radiologie und bei chirurgischen
Eingriffen eingesetzt werden.

Besonders im Bereich der Diagnose und Früherkennung von Krankheiten
zeichnet der Einsatz von KI einen großen Erfolg auf. Neben dem Mehrwert für
Patienten, können auch Kosten des Gesundheitssystems gesenkt werden. Mittels
Sensorik, Bild und Sprachen kann im frühen Stadium nach Krankheitsindikatoren
gesucht und diese rechtzeitig behandelt werden.

Im Bereich der Diagnose von Parkinson finden solche Systeme Anwendung. Parkinson ist eines der häufigsten neurodegenerativen Erkrankungen der Welt. Die Erkrankung beginnt schleichend und nimmt, in Form des Absterbens von Nervenzellen im Gehirn im Laufe der Zeit zu. Zu den typischen Symptomen von Parkinson gehören zum Beispiel Zittern von einzelnen Gliedermaßen, ein geringes Sprachvermögen, Abnahme des Geruchssinns, Depressionen und Schlafstörungen.

Mithilfe eines Smartphones ist es möglich, Parkinson frühzeitig zu erkennen. Die App „iPrognosis" kann Symptome wie leichtes Zittern registriert, die Stimmfarbe analysiert und die Fingermotorik anhand von Spielen, sogenannter „Serious Games" geprüft werden. Mithilfe der Faktoren, wie flüssig die Tasten eines Smartphones bedient werden oder ob häufig Schlüsselwörter verwendet werden, die auf eine depressive Stimmung hinweisen gemessen. Die Daten werden von der App aufgezeichnet und anonymisiert an den Server für eine Auswertung der Daten gesendet. Somit können Informationen darüber erhalten werden, ob das Parkinsonrisiko erhöht ist und ein Arzt aufgesucht werden soll.

Durch die Interaktion von Menschen und Maschine kann frühzeitig eine Aussage über gesundheitliche Risiken getroffen und Therapie- bzw. Trainingspläne erstellt werden. [Vgl. Paaß, Heck 2020]

Obwohl der Einsatz von künstlicher Intelligenz im medizinischen Bereich viele Möglichkeiten bietet, besteht demgegenüber eine besonders hohe Skepsis. Als Vertrauensperson spielt der Arzt eine wichtige Rolle in der Aufklärung und Vermittlung von neuen Technologien. Ein intelligentes System kann dabei unterstützen Symptome anhand von Mustern zu erkennen und Diagnosen zu erstellen, jedoch kann es keine Behandlung und Intervention am Patienten durchführen. Für die Abwägung von Hypothesen und Alternativen sowie die Einleitung von Therapien des Patienten ist ein Arzt weiterhin unerlässlich. [Vgl. Paaß, Heck 2020]

3.1.2 Wirtschaft

Künstliche Intelligenz hat sich im Bereich der globalen Technologieindustrie als zentrales Trendthema durchgesetzt. Diese globale Veränderung hat Auswirkungen auf die wirtschaftliche Entwicklung, unsere Arbeitswelt und den Wettbewerbsmarkt in einigen Branchen.

Industrie 4.0 bezeichnet eine umfassende Digitalisierung in der industriellen Produktion. Nach dem Einsatz der automatisierten Fließbänder und der Massenabfertigung ist Industrie 4.0 die drauf folgende industrielle Revolution. Starre Fertigungsketten sollen in dynamische Produktionssysteme umgewandelt werden. Es ermöglicht eine nachfrageorientierte und individuelle Produktion. Logistik, Lagerhalterung und Produktionszeit werden automatisiert und entsprechend der Nachfrage gesteuert. Ausfälle von Maschinen können über Audio-, Video- und Vibrationssensoren frühzeitig erkannt und behoben werden.

Dabei werden Daten zur Optimierung der Produktion und des Produktes zusammengeführt und analysiert. Daraus kann gewonnen werden, wie ein Produkt effizienter produziert und optimiert werden kann. [Vgl. Plattform Industrie 4.0 Bundesministerium]

3.1.3 Smart Home

Nach heutigem Verständnis ist ein „Smart Home" ein Haushalt, bei dem Haushaltsgeräte per WLAN miteinander verbunden sind und Informationen austauschen. Das Smartphone ist das zentrale Steuerungselement von Fensterläden, Lautsprechern, Thermotaten und Lampen geworden. Mit dem Sprachassistenten „Alexa" hat Amazon eine große Welle in der smarten Steuerung ausgelöst. Dabei hatte Amazon die Absicht, Gewohnheiten der Nutzer aufzunehmen und Hausvernetzung als weiteres Geschäftsmodell aufzubauen.

Mit dem Smart Home wird eine neue Stufe des Komforts erreicht. Über die Historie kann im Smart Home jedes Gerät miteinander verbunden werden und auf die Bedürfnisse der Bewohner eingegangen werden. Sei es die richtige Musik im Hintergrund, die Helligkeit der Beleuchtung oder die Erinnerung, der noch anstehenden Termine. Die Liste der Möglichkeiten des Smart Homes sind hinsichtlich der Tagesplanung, der Haussicherheit oder zur Unterstützung im Notfall keine Grenzen gesetzt. Gesteuert werden diese über einen gemeinsamen Standard wie Apple, Google und Amazon. Diese haben somit die Tendenz ein Datenmonopol aufzubauen.

Immer mehr Verbraucher und Firmen nutzen vernetzte Geräte über das Internet, die sich durch mangelhafte Sicherheit auszeichnet. Das bietet Kriminellen die Möglichkeit fremde Geräte mit den darauf enthaltenen Daten zu missbrauchen. Der Trend zum smart Home wird sich auf Büros, Krankenhäuser und Warteräume erweitern. Auch die Dienstleistungen dieser Geräte werden erweitert und zur Terminabsprache beim Arzt oder dem Einkauf angewendet. [Vgl. Paaß, Heck 2020]

3.2 Auswirkungen

Nachdem bereits einige Einsatzgebiete des „Data Mining" aufgezeigt wurden, wird im folgenden Kapitel das Ausmaß der Auswirkungen und die damit einhergehenden Potentiale und Gefahren von künstlich Intelligenten Systemen erläutert.

Die Bedeutung von Daten nimmt neue Dimensionen im Digitalen Zeitalter an. Sie sind nicht nur zu einem Produktions- und Wettbewerbsfaktor geworden, vielmehr haben sie sich zu einem zentralen Wirtschaftsgut entwickelt. Ein Beispiel hierfür ist die Übernahme der Firma Nest durch Google. Das intelligente Nest Thermostat, sammelt eine Vielzahl an nützliche Informationen über amerikanische Haushalte. Der Kaufwert lag weit über dem Marktwert der Firma Nest. Letzteres lässt darauf schließen, dass Daten eine bilanzierbare Komponente für Unternehmern darstellen. Durch die Wahrnehmung von Daten ändert sich in Zukunft die strategische Ausrichtung von Unternehmen. Die Datenflut aus Internet, sozialen Medien, E-Comerce und Apps auf dem Smartphone ist besonders hoch und bieten ein enormes Potential für künstliche Intelligenz.

Als zentraler Treiber der Digitalisierung hat künstliche Intelligenz Auswirkungen auf alle Wirtschafts- und Lebensbereiche. Digitale Produkte bieten eine große Bandbreite an Services und Angeboten die auf der Methode des „Data Mining" basieren und so zum ständigen Begleiter werden. Damit ändern sich Grundlegende Wertschöpfungsketten fundamental. Zu einem der dominierenden Modelle der digitalen Wirtschaft zählt die Plattform Economy. Anbieter und Kunden werden über eine Plattform vernetzt und eine Interaktion über Apps, Skills und Suchfunktionen ermöglicht. So zählen unter anderem Handelsplattformen wie Amazon, Google Pay und WhatsApp zu den führenden Unternehmern, mit deutlicher Monopolisierungstendenz. Unternehmen, die durch Datenkontrolle und globale Wettbewerbsfähigkeit hervorstechen, bilden die Gefahr eines Monopols.

Künstliche Intelligenz wird häufig „as a Service" zur Verfügung gestellt und kann als Dienstleistung über das Internet bzw. eine Plattform kostenlos genutzt werden. Durch den direkten Zugriff auf Nutzerdaten kann der Serviceanbieter die Marktanforderungen und Kundenwünsche schneller umsetzen. Unternehmen wie Airbnb, Uber oder Amazon sind Beispiele dafür, wie erfolgreich Serviceplattformen, lediglich als Vermittler und ohne sonstige Investitionsgüter sind. Durch lernende Systeme können Aufgaben besser, schneller und günstiger gelöst werden, dies schafft Effizienz-Gewinn im Wettbewerb. Auch im privaten Umfeld bringen künstliche Systeme viele Vorteile. Dienste wie Netflix, der autonome Saugroboter, Amazon oder Google werden zum ständigen Wegbegleiter im Alltag.

Google lockt beispielsweise mit kostenlosen Dienstleistungen und Plattformen wie Google Maps, Gmail, Google Translate oder YouTube. Egal durch welche Interaktion, durch zuvor genannte Plattformen kann der Nutzer immer genauer kennengelernt und Werbung präziser geschalten werden als je zuvor. Für Google ist der Nutzer das Produkt, das es an Kunden, die Werbetreibenden verkauft.

4 Fazit

Ziel dieser Arbeit ist die kritische Auseinandersetzung der Auswirkungen von intelligenten Systemen und der damit einhergehenden automatisierten Datensammlung. Zunächst wurden die theoretischen Grundlagen vorgestellt und die unterschiedlichen Arten des Maschinellen Lernens, sowie die Methode des „Data Mining" erläutert. Die unterschiedlichen Einsatzbereich in der Medizin, der Wirtschaft und dem Smart Home haben verdeutlicht was für einen positiven Einfluss die Künstliche Intelligenz auf den Lebensalltag hat. Jedoch wurde auch deutlich, welche Auswirkungen es auch auf den Umgang mit personalisierten Daten und welche Gefahren es mit sich bringen kann.

Zusammenfassend kann man sagen, dass künstliche Intelligenz eine immer wichtigere Rolle in unserer Gesellschaft spielt. Besonders im Lebensalltag kann der Einsatz von KI beim Arztbesuch, in den eigenen vier Wänden oder bei der Arbeit eine große Hilfe sein und einen hohen Komfort bieten. Allerdings ist KI auch zu einem Thema geworden, das viele Menschen nicht vollständig einschätzen können. Die damit einhergehende große Menge an Daten, die Verhalten und Gewohnheiten aufzeichnen und analysieren, bringen auch Risiken mit sich. Die fortschreitende Entwicklung von „Big Data" bergen die Gefahr, Daten ohne unser Wissen gezielt für Werbezwecke zu nutzen und das Verhalten zu manipulieren.

Der Ansatz von künstlich Intelligenten Systemen bieten der heutigen Zeit des „Big Data" viele Möglichkeiten. Allerdings neigt die automatisierte Auswertung von Daten und Mustern zum Denken und Handeln in festen Kategorien ohne jeglichen moralischen und ethischen Hintergrund. Das macht das Zusammenspiel von Menschen und Maschine unerlässlich. Für die Entwicklung einer automatisierten Welt, ist zusätzlich die Eingrenzung durch rechtliche Normen und Regelungen, die es nachvollziehbar machen, was mit den personalisierten Daten geschieht und die Kontrolle über die Verwaltung eigener Daten sichert.

Literatur

[1] GERHARD PAASS, DIRK HECKER: Künstliche Intelligenz: Was steckt hinter der Technilogie der Zukunft?, Springer, 2020.

[2] THOMAS BARTON, CHRISTIAN MÜLLER: Künstliche Intelligenz in der Anwendung: Rechtliche Aspekte, Anwendungspotenziale und Einsatzgebiete, Springer 2020.

[3] WOLFGANG ERTEL: Grundkurs Künstliche Intelligenz Eine praxisorientierte Einführung, Springer 2016.

[4] KLAUS MAINZER: Künstliche Intelligenz: Wann übernehmen die Maschinen?, Springer 2019.

[5] VOLKER WITTPAHL: Künstliche Intelligenz: Technilogie, Anwendung, Gesellschaft, Springer 2019.

[6] REINHARD NECK, CHRISTIAN SPIEL: Automatisierung: Wechselwirkung mit Kunst, Wissenschaft und Gesellschaft, Böhlau 2018.

[7] BUNDESMINISTERIUM FÜR WIRTSCHAFT: Plattform Industrie 4.0: https://www.plattform-i40.de/PI40/Navigation/DE/Home/home.html.

[8] BUNDESMINISTERIUM FÜR BILDUNG UND FORSCHUNG: bpm: https://www.bmbf.de/de/kuenstliche-intelligenz-5965.html.

[9] DATASOLUT GMBH - MEHR WERT MIT KI: https://datasolut.com/was-ist-data-mining/.

Anhang

Quellcode Deckblatt

```
\newgeometry{margin=2.5cm}
\begin{titlepage}
\thispagestyle{empty}
\newcommand{\HRule}{\rule{\linewidth}{0.5mm}}
\hspace{1cm}


\begin{flushright}
\includegraphics[scale=1]{Images/AKAD.jpg}
\end{flushright}
\vspace{0.5cm}


\begin{center}

        {\LARGE \onehalfspacing AKAD Hochschule Stuttgart \\
            Wirtschaftsingenieurwesen (M. Eng.)\par}
        \vspace{1cm}

        {\LARGE \onehalfspacing Assignment SQF61\par}
        \vspace{0.5cm}

        {\LARGE\bfseries \onehalfspacing Schl sselqualifikationen f
        \vspace{1cm}

        {\LARGE \onehalfspacing Chancen und Risiken von KI Technologien: F
        \vspace{3cm}
\end{center}

    \begin{tabbing} % ber cksichtigt die Tab Taste zum einr cken
        Autor: \hspace*{50mm} \= Julia Brehm \\
        \> Rotenwaldstra e 11 \\
```

```latex
                        \> 70197 Stuttgart\\
                        \\
                        Immatrikulationsnummer: \> 8111472\\
                        \\
                        E-Mail: \> Julia-brehm@stud.akad.de\\
                        \\
                        Betreuer: \> Dr. Sebastian Bauer\\
                        \\
                        Abgegeben am: \> \today\\
                        \\
                        Ort: \> Stuttgart
            \end{tabbing}
        \vspace{2.9cm}
\end{titlepage}
```

Quellcode Verzeichnisse

```latex
\newpage
    \setcounter{page}{1}
    \restoregeometry
    \pagenumbering{Roman}
    \setstretch{2}
    \microtypesetup{protrusion=false}
    \tableofcontents
    \microtypesetup{protrusion=true}
    \MSonehalfspacing
    \pagestyle{fancy}
    \newpage
    \setcounter{page}{2}
    \listoffigures
\newpage
    \pagenumbering{arabic}
```

Quellcode Beginn des Assignments

```latex
\documentclass[a4paper, 12pt]{article}
\input{settings/packages}
\input{settings/page}
\begin{document}
\input{settings/titlepage}
\setcounter{page}{1}
\section{Einleitung} \label{einleitung}
```

Quellcode Grafik

```latex
\begin{center}
\begin{figure}[hbtp]
\includegraphics[scale=1]{Images/Tiefes_Lernen.png}
\caption{Funktionsweise des Deep Learning [Barton 2021]}
\label{fig:brayford}
\end{figure}
\end{center}
```

Quellcode Liter

```latex
\printbibliography
\begin{thebibliography}{00}

\bibitem{Paass, Hecker 2020}
\textsc{Gerhard Paa , Dirk Hecker}: K nstliche Intelligenz:

\bibitem{Barton 2020}
\textsc{Thomas Barton, Christian M ller}: K nstliche Intellig

    \bibitem{Ertel 2016}
\textsc{Wolfgang Ertel}: Grundkurs K nstliche Intelligenz Ein

\bibitem{Mainzer 2019}
```

16

\textsc{Klaus Mainzer}: K nstliche Intelligenz: Wann bernel

\bibitem{Witpahl 2019}
\textsc{Volker Wittpahl}: K nstliche Intelligenz: Technilog

\bibitem{Neck, Spiel 2018}
\textsc{Reinhard Neck, Christian Spiel}: Automatisierung: W

\bibitem{Platform 4.0}
\textsc{Bundesministerium f r Wirtschaft}: Plattform Indust

\bibitem{Bundesministerium f r Bildung und Forschung}
\textsc{Bundesministerium f r Bildung und Forschung}: bpm:

\bibitem{datasolut GmbH}
\textsc{datasolut GmbH – Mehr Wert mit KI}: https://datasolu

\end{thebibliography}